STATISTIQUE

DE

LA LÉGISLATION CONSTITUTIONNELLE
DE FRANCE EN 1788,

OU

MAXIMES FONDAMENTALES

DE

LA MONARCHIE FRANÇAISE.

De l'Imp. de RENAUDIERE, rue des Prouvaires, n. 16.

STATISTIQUE

DE

LA LÉGISLATION CONSTITUTIONNELLE

DE FRANCE EN 1788,

OU

MAXIMES FONDAMENTALES

DE

LA MONARCHIE FRANÇAISE,

TELLES qu'elles nous ont été transmises par les *anciens écrivains*, les *Capitulaires*, les *Ordonnances*, les *Chartes*, les *Lettres patentes*, les *Jurisconsultes*, les *Historiens*, les *Critiques*, les *Savans et la tradition*,

RÉDIGÉES ET MISES EN ORDRE PAR BOURBON-LEBLANC,

Auteur de l'*Introduction à la science de l'Économie politique, ou Système universel des lois, de la théorie générale de la Législation et de la Jurisprudence ; de la septième édition des Décisions sommaires du Palais, des vrais intérêts de la France*, etc., etc., etc.

Legite et Cogitate.

A PARIS,

CHEZ { DELAUNAY,
PELICIER,
DENTU, Libraires, Palais-Royal,

Et chez RENAUDIERE, Impr.-Lib., rue des Prouvaires, n. 16.

1815.

DISCOURS PRÉLIMINAIRE.

Tous les êtres vivans sont doués par la nature d'un système organique qui leur est propre. Il est susceptible de développement, de perfection, d'appauvrissement et de destruction; mais il se refuse à tout changement absolu. On le nomme constitution toutes les fois que l'on veut en faire l'application au principe d'existence de chaque peuple en corps de nation. En effet, les constitutions, en politique, sont les résultats nécessaires de l'ensemble des institutions, des usages, des lois et des mœurs. Elles n'ont pas besoin d'être écrites pour être sues de tout le monde parce qu'elles exercent, dans un mouvement continuel d'action et de réaction, leur influence sur les peuples pris en masse ou individuellement. Elles sont aussi indépendantes de la volonté des nations que la constitution physique est indépendante de la volonté de chaque individu. Elles sont, parce que l'ordre secret (1), éternel et essentiel des choses a voulu qu'elles fussent. Et, quels que soient les efforts humains, il est de leur nature de l'emporter sur toutes les combinaisons que l'esprit d'innovation a fait naître et pourra reproduire. On peut les modifier, les perfectionner, les intervertir ; mais les changer totalement, c'est donner le coup mortel aux peuples à qui elles se rapportent.

La *Monarchie* est le gouvernement naturel des grands états (2) ; l'*Hérédité* du

---

(1) C'était avec beaucoup de sagesse et de profondeur que M. Harmand disait en avril 1793, à la convention dite nationale, *qu'il ne savait pas s'il était réservé à la convention nationale de France, de découvrir enfin le secret du méchanisme social, secret échappé aux recherches de tant de siècles et de tant de générations qui nous ont précédées.*

(2) Plus un Empire est étendu, plus le pouvoir qui dispose de la force publique doit avoir d'énergie ; et c'est par cette raison que le *pouvoir monarchique*, où la volonté d'un seul homme meut à l'instant tous les ressorts de la force nationale, convient spécialement à de grands pays, entourés de voisins jaloux et puis-

trône, le principe conservateur de son existence ; le respect pour les *Propriétés* particulières, et la *Liberté civile*, la sauvegarde de la tranquillité publique. Otez ces quatre bases du système politique, tout n'est plus que confusion, désordre et destruction, parce que la nation qui a subi ce malheur épouvantable, n'a plus de constitution, et que son principe d'existence a cessé.

Ces règles me paraissent être à l'abri de toute controverse. Comment donc a-t-il pu se trouver des hommes assez

---

sans et parconséquent toujours exposés à leurs invasions, si les moyens de les repousser n'avaient pas toute la force qu'il est possible de leur donner. (Mémoire sur les états-généraux, 1788, page 22.)

Archimède assis tranquillement sur le rivage, dit Rousseau, et tirant sans peine à flot un grand vaisseau, me représente un monarque habile, gouvernant de son cabinet ses vastes états et faisant tout mouvoir en paraissant immobile.

Le plus actif des gouvernemens, ajoute ce célèbre écrivain, est celui d'un seul. Le gouvernement simple est le meilleur en soi par cela seul qu'il est simple.

(4)

privés de jugement pour prétendre que
la France a vécu quatorze siècles sans
constitution, ou que cette constitution,
qui lui a assuré un si beau développement
de progression, était mauvaise ? (1)

Il me semble entendre un prétendu
physiologiste attester qu'un homme a
joui de la vie malgré la privation absolue
de tous ses organes, ou que Fontenelle
est mort à quatre-vingt-dix-neuf ans,
précisément parce que son tempéramment

______

(1) Tout le monde sait qu'en 1789 nous avions déjà,
depuis nombre d'années, la modeste prétention de
regarder le dix-huitième siècle comme le siècle de la
philosophie et des lumières par excellence ; la révolution est venue mettre cette philosophie et ces lumières en œuvre et nous avons démontré, sur tous
les points, une ignorance égale à notre profonde
modestie. Je le demande : quelle est la partie de la
législation que nous ayons traitée à fond et sur laquelle il ne reste rien à désirer ? Aucune. Je n'hésite
pas à le dire : tout reste à faire dans les lois ; tout ce
que nous avons touché, nous l'avons profané ; par-
tout nous avons brisé le ressort des lois. (Extrait de
la Tribune politique, ou Journal des Élections, publié en 1797, par Bourbon - Leblanc, tom. Ier.
page 128.)

était dépourvu de toutes les qualités convenables.

Pleinement convaincu qu'il y a de la témérité à adopter des lois nouvelles, dont toute la prévoyance humaine ne saurait calculer ni les bienfaits ni les inconvéniens (1), et que les lois françaises n'ont été calomniées que par l'ignorance et la mauvaise foi, j'ai réuni, d'après l'ordre naturel des idées, les matériaux épars de notre législation constitutionnelle, afin qu'ils pussent servir soit à perfectionner la Charte que la bienveillance de S. M. nous a octroyée, soit à en former le complément, soit enfin à présenter un tableau de comparaison non moins utile aux historiens et aux publicistes qu'aux législateurs.

Sans doute c'est un très-grand malheur que des abus s'introduisent dans un

---

(1) Omnis reipublicæ statûs ac formæ mutatio secum incommoda trahit, at proinde periculosa est, subditis molesta, at seditionum et rebellionum occasionem præbet. Thucid., lib. 8, *de Atheniensibus in oligarchiam mutantibus.*

état ; mais ces maladies du corps politique sont l'ouvrage de l'homme et non celui de la loi.

Comment oserait-on soutenir qu'avant la révolution la France présentait, dans son système légal , des dispositions contraires aux principes de la vertu , de la modération et d'une sage liberté ?

Viendra-t-on prétendre que les charges et les emplois formaient le domaine exclusif des nobles ? et qui ignore que le chancelier Michel de l'Hôpital était le fils d'un médecin , fils lui-même d'un juif d'Avignon ; que Jacques Amiot, fils d'un boucher, a été successivement précepteur des enfans de France , grand - aumônier , évêque d'Auxerre, et chevalier de l'ordre du Saint-Esprit ; qu'Abraham Fabert , fils d'un libraire , est mort maréchal de France et gouverneur de Sédan ; que Jean Barth, fils d'un pêcheur, est devenu chef d'escadre ; en un mot, qu'une foule d'hommes sortis de la classe populaire, ont fourni la carrière brillante des honneurs. Objectera-t-on la *vénalité des offices*? Mais ces inconvéniens sont beaucoup moins graves que ceux qui résultent des choix faits par un ministère corrompu ou corrupteur. — *De l'hérédité des offices*? Mais s'il est vrai qu'elle ôte un ressort à la puissance du Monarque et un aliment à l'émulation, du moins faut-il convenir qu'elle porte avec elle ce caractère de stabilité, non moins utile à l'état qu'aux particuliers.

Les droits seigneuriaux présentent le plus fort argument aux révolutionnaires. Mais est-il permis d'ignorer qu'il faut faire en cela deux distinctions: la première, que s'il s'agit de redevances sur des biens fonds, ces redevances établies par les clauses de la concession des terres, n'avaient rien de répréhensible et se pratiquent encore aujourd'hui sur toute l'étendue de la France, en vertu de pactes parfaitement conformes aux lois; la seconde, que s'il est question des justices seigneuriales, c'était évidemment une entreprise formée originairement par les *Leudes*, sur la puissance royale, entreprise condamnable sous ce dernier point de vue et contraire aux maximes fondamentales du royaume, quoique plusieurs puissent être considérées comme une délégation volontaire de pouvoir de la part du Monarque.

Quant au *droit féodal*, c'est Charles Martel qui l'introduisit, pour se concilier les gens de guerre, en leur conférant des bénéfices militaires (1). La faiblesse de Charles-le-Chauve les rendit héréditaires ; et, comme le *fief* a toujours été une concession de terres, à la charge de reconnaître pour seigneur le donateur, de lui prêter foi et hommage en cette qualité, et de faire, *pour lui*, le service militaire, il est évident que c'était un empiétement sur l'autorité souveraine, contraire à l'unité du gouvernement, et condamnable par le seul fait de son institution.

Il faut considérer ensuite que s'il y avait des terres soumises aux droits féo-

____

(1) Buonaparte imita son exemple par les *dotations* et les *majorats*.

daux, d'autres en étaient exemptes.

Dans les pays *allodiaux*, la maxime était : *nul seigneur sans titre* ; et dans les pays *non allodiaux, nulle terre sans seigneur*. Cette différence résultait de la variété des coutumes ; car, aucune loi générale n'a jamais tracé les règles de la féodalité que l'histoire signale comme un attentat aux droits de la souveraineté, et comme un abus combattu sans relâche par notre législation monarchique.

Les cours supérieures seront-elles aussi un objet de censure? Je réponds : les parlemens composés de membres appartenant à toutes les classes de l'ordre sociale, et choisis en raison des lumières, présentaient un ensemble parfait, et une corporation vraiment nationale. C'était une conception plus heureuse que celle des assemblées du Champ-de-Mars ou du Champ-de-Mai, qui se réunissaient périodiquement, se dissolvaient à la volonté du prince, cessaient dans les temps de troubles, époque où elles eussent été utiles (1), et devinrent impraticables par l'accroissement de la population (2) ; au lieu que les parlemens, formés d'hommes habitués à juger les différens privés, avaient plus de facilité à apprécier le mérite des lois, dont l'étude était leur occupation habituelle. Ils devinrent fixes, et dès-lors ils offrirent à chaque instant le tableau sublime de la puissance nationale en présence de la majesté du trône.

Mais *la souveraineté du peuple était méconnue.*

La souveraineté du Peuple! Dans quelle circonstance de la révolution cette souveraineté dérisoire a-t-elle été respectée par ceux même qui s'en prétendent les défenseurs? Est-ce lorsque, le 10 août 1792, l'assemblée dite législative, sans pouvoir, comme sans mission, osa inviter le peuple français à former une convention, suspen-

(1) Telles qu'au moment des guerres civiles suscitées par les fils de Louis-le-Débonnaire.

(2) V. Hincmar *de ordine palatii.*

dit l'autorité suprême dans la personne
de l'infortuné Louis XVI, ordonna le
13 la translation de ce monarque et
de sa famille au Temple, et se cons-
titua elle-même, et sans attendre l'aveu
du peuple, en convention nationale? Est-
ce lorsque cette réunion d'hommes, sans
qualité et sans mandat, annulla, le 21
septembre, la charte de 1791, abolit la
royauté le même jour, substitua le 25,
au gouvernement légitime et national,
ce monstre acéphale qu'elle décora du
nom de république, et déclara qu'elle
jugerait le roi? Cette souveraineté fut-elle
respectée, lorsque quatre cent vingt-cinq
misérables rejetèrent l'appel au peuple,
et privèrent la nation du bonheur d'exprimer son respect et son amour pour le
plus vertueux des princes? Enfin est-ce
reconnaître la souveraineté du peuple
que d'admettre que les troupes romaines,
sous le prétexte de l'incapacité d'Hono-
rius et de la trahison de Stilicon, aient
eu le droit de proclamer Constantin empereur, et de soumettre leur patrie à

la domination d'un officier de fortune?
La souveraineté nationale ne peut reposer que dans un chef unique. Tout système contraire est à la fois absurde, impraticable et anti-social. Telle est l'opinion des plus grands hommes. (1)

----

(1) Les raisons, dit Bodin, qu'on peut donner pour soutenir *l'état populaire* ont beau lustre en apparence ; mais en effet, ces raisons ressemblent aux toiles des aragnes qui sont bien fort subtiles et déliées, et toutefois n'ont pas grand'force. En premier lieu *il n'y a jamais eu de république où l'égalité de biens et d'honneurs fut gardée* ; quant aux biens et aux honneurs, on serait aussi contre *la loi de nature*, qui a fait les uns plus sages et plus ingénieux que les autres, et a aussi ordonné *les uns pour gouverner et les autres pour obéir* ; et quant à *la liberté naturelle* qu'on a prêchée tant et tant en l'état populaire, *si elle avait lieu*, il n'y aurait *ni lois, ni magistrats, ni forme quelconque*: et néanmoins, *il n'y a pas une forme de république qui ait tant de lois, tant de magistrats, tant de contrôleurs que l'état populaire* ; et quant au bien public, il est tout certain qu'il n'y a république où il soit plus mal gouverné. Mais veut-on un meilleur jugement, un témoignage plus digne que celui de Xénophon ? « *Je ne puis approuver*, dit-il, *l'état des Athéniens,* » *parce qu'ils ont suivi la forme de république en la-* » *quelle toujours les plus méchans ont du meilleur et les*

Le peuple était privé d'une représentation nationale, ajouteront ces hommes que les mots occupent plus que les choses. Mais d'après les tristes événemens dont nous avons été les spectateurs et les victimes, peut-on raisonnablement espérer rien d'heureux de ces mélanges continuels

---

» *hommes d'honneur et de vertus sont foulés aux* » *pieds* ». Si Xénophon qui a été un des plus grands capitaines de son âge , et qui lors emporta le prix d'avoir heureusement conjoint le maniement des affaires , des armes et de la philosophie , a fait un tel jugement de sa république qui était la plus populaire et entre les plus populaires la plus estimée et la mieux établie, ou pour mieux dire la moins vicieuse, quel jugement eut-il fait des autres démocraties ? Nous avons même jugement d'Aristote , qui dit, que l'*état populaire* , *ni l'aristocratique n'est pas bon.* Usant de l'autorité d'Homère, et *comment un peuple,* c'est-à-dire , *une bête à plusieurs têtes , sans jugement et sans raison, pourrait-il conseiller rien de bon ? lui demander conseil n'est autre chose que demander la sagesse aux furieux. La plus forte tyrannie n'est pas si dangereuse que l'état populaire. Tous les états y sont vendus au plus offrant* , *et les magistrats revendent en détail ce qu'ils ont acheté en gros.* Les seigneurs aristocratiques ne valent pas mieux; car en toute aristocratie comme en l'état populaire , la plus grande partie emporte

(14)

de bons et de mauvais, d'hommes instruits
et de gens sans capacité ; et, parce que
la deuxième session de 1815 offre pour
la première fois, depuis vingt-cinq ans,
le spectacle admirable des vertus , des

---

toujours la plus saine et la meilleure ; et *plus il y a
d'hommes , moins a d'effet la vertu , la sagesse , la pru-
dence* , tout ainsi qu'un peu de sel en un lac perd sa
force ; en sorte que *les gens de bien y seront toujours
vaincus en nombre par ceux qui seront les plus vicieux et
les plus ambitieux* ; et pour *un tyran* , *il y en aurait
cent* qui empêcheront les résolutions de la moindre
et plus saine partie , comme il s'est toujours vû. Les
séditions , partialités , guerres civiles y sont ordi-
naires et quasi continuelles pour la brigue des offices ainsi qu'en la république populaire. Mais le
principal de la république , qui est *le droit de la souveraineté , ne peut être , ni subsister, qu'en la monarchie.*
et qu'il *n'y a point de vrais sujets ni d'appui s'il
n'y a un chef avec puissance souveraine ;* aussi voit-on
*les difficultés qui sont ou ont toujours été ès-républiques
populaires ou aristocratiques* , quand les uns et les
autres tiennent partis contraires et que *la nécessité
contraint de recevoir aux conseils et états , les sages et
les foux ensemble* ; au lieu que *le monarque peut se
joindre* à la plus saine et moindre partie , et *faire choix
d'hommes sages et entendus aux affaires d'états.* Une
foule d'exemples nous démontrent la nécessité d'a-

talens et du courage , opposant pour le salut commun une digue insurmontable aux agitateurs, aux novateurs et aux ambitieux, peut-on, sans imprudence, inférer de-là qu'il en sera toujours de même ?

---

voir un chef ; car tout *ainsi que l'armée est mal conduite* et le plus souvent défaite qui *a plusieurs généraux, ainsi est l'état qui a plusieurs maîtres* , soit pour la division , soit pour la diversité d'opinions , soit pour la diminution de puissance donnée à plusieurs, soit pour la difficulté de s'accorder et de résoudre , soit parce que les sujets ne savent à qui obéir, soit pour éventer les choses qui doivent être secrètes, soit pour le tout ensemble. Il n'est pas besoin d'insister beaucoup pour prouver que *la monarchie est le meilleur et le plus sûr gouvernement* , ou que la famille qui est la vraie image de la société, ne peut avoir qu'un chef. *Toutes les lois de la nature nous guident à la monarchie* , soit que nous regardions ce petit monde qui n'a qu'un cours et pour tous les membres un seul chef, duquel dépend la volonté, le mouvement et le sentiment , soit que nous prenions ce grand monde qui n'a qu'un Dieu souverain, soit que nous dressions nos yeux au ciel, nous ne verrons qu'un soleil ; et jusqu'aux animaux domestiques , nous verrons qu'ils ne reconnaissent et ne peuvent souffrir qu'un seul maître.

D'ailleurs on ne saurait le nier : toute délégation momentanée de pouvoir de la part d'une nation, est de l'essence de la démocratie, et conséquemment en opposition directe avec les principes monarchiques (1).

---

(1) Le pouvoir momentané des représentans constitue l'essence du gouvernement démocratique, dit un auteur qui écrivait en 1770, sur la constitution française ; des représentans momentanés, exposés, à la fin de leur administration, à tous les caprices d'un peuple souverain, peuvent difficilement exécuter des projets vastes, déraciner des abus, former des établissemens vraiment utiles. Ajoutez les brigues qui accompagnent infailliblement les élections du peuple, la jalousie de ceux qui sont dominés, le choc des intérêts particuliers, vous serez convaincus que la liberté particulière est d'autant moindre dans ce gouvernement que *chaque citoyen rencontre son maître dans son égal. Un seul homme* au contraire, centre commun auquel les rayons se rapportent, *pèse d'autant moins sur la liberté et la propriété des sujets, que placé dans une région supérieure à tous, son intérêt personnel se confond essentiellement avec l'intérêt public.* Personne ne nuit aux autres sans profit réel ou apparent. C'est parce que *le monarque agit contre son intérêt lorsqu'il abuse de son pouvoir, qu'il*

Elevera-t-on encore quelques doutes sur la propriété du trône? Et qui oserait la contester à la maison de France ?

Hugues Capet, duc de France , comte de Paris et d'Orléans , frère du duc de Bourgogne , et beau-frère de Richard , duc de Normandie , n'était-il pas , par ses propriétés et ses alliances , le plus grand seigneur du royaume ? Y a-t-il eu, pouvait-il y avoir de la part du peuple ou d'une partie du peuple aucune opposition à ce qu'un prince qui réunissait tant de titres supérieurs montât au trône ? Les ordres de l'état alors assemblés à Noyon firent-ils quelques protestations ? Non. Et il faut en conclure que le vœu national était en sa faveur.

D'ailleurs issu du sang de Clovis par Saint-Arnould, il obtint la couronne comme étant le plus proche à succéder , à défaut d'enfant mâle, par l'exclusion

____

en abuse rarement, quoique ces abus ne sont que passagers. (Extrait de l'Eloge du Gouvernement Monarchique, imprimée sous la rubrique de Londres ; attribué à M. Lesbros de la Versanne, fils.

de Charles de France ; en effet sa postérité a augmenté notre territoire : Le roi de
Navarre l'a enrichi de la Navarre, de la
Comté de Foix ; de l'Armagnac, de Pau,
des provinces de Bigorre, de Comminges,
d'une partie du Limousin, du Quercy,
du pays de Tarbes, de Bagnières, etc.
C'est aux mères de nos rois, que nous de-
vons la totalité de la Provence ; Anne
de Bretagne a apporté en dot la Bretagne,
l'Anjou et le Maine. Une donation con-
sentie par le prince qui en était le souverain, a fait entrer le Dauphiné dans les
propriétés de la couronne ; et la Toscane
échangée en 1737 contre la Lorraine, a
été la dot des princesses de Médicis.

La maison de Bourbon, seule héritière
de tant d'illustres maisons, fournit donc
à notre nation, non seulement la plus
haute garantie par la consistance des immenses domaines qui lui sont propres ;
mais, on peut dire qu'elle est propriétaire
de la plus grande partie du sol Français.

La confiscation de ses biens, a été un
vol public. Son éloignement serait le

comble de l'ingratitude et de la déloyauté.

Ne devez-vous pas à Louis Legros l'affranchissement des communes, première source de vos libertés ? Ne devez-vous pas à Louis IX l'abolition des duels judiciaires, la formation d'un second degré de juridiction, et cette fameuse pragmatique-sanction qui défendit l'indépendance de l'église Gallicane, en refusant aux Papes les décimes qu'ils exigeaient ? N'est-ce-pas Philippe - le - Bel qui délivra la France du fléau destructeur des guerres de seigneur à seigneur ? N'est-ce pas ce prince qui rétablit la fixité, la loyauté dans la fabrication des monnaies ? Louis-le-Hutin n'ordonna-t-il pas l'affranchissement des *serfs* ? (1) Philippe-le-long, par

____

(1) Ce monarque disait que puisque son royaume s'appelait le royaume de France il voulait que la vérité fût conforme à cette dénomination

Sous les Romains les personnes étaient distribuées, en *serfs de corps*, attachés à la personne de leurs maîtres qui les nourrissaient et entretenaient ; en *serfs d'héritages* attachés à des terres que leurs maîtres leur assignaient pour les faire valoir ; ils se nour-

les *sauves-gardes*, les lettres d'*anoblissement*
et la *liberté* accordée *aux serfs* de ses domaines, ne travailla-t-il pas le premier à
l'établissement de la liberté civile (1)?
Charles IV n'a-t-il pas entièrement
anéanti le monnaies seigneuriales, et fait
ainsi cesser des gains illicites qui portaient
des coups mortels à la fortune des particuliers? N'est-ce pas Charles V qui of-
frit de nouveau l'image des anciennes
assemblées nationales, sous la dénomination de lits de justice ; conseils extraor-
dinaires, tenus en cour de parlement,

---

rissaient et s'entretenaient eux-mêmes : les fruits de
leur travail leur appartenaient, moyennant qu'ils
payassent annuellement à leurs maîtres les redevances convenues; en *tenanciers libres*, à qui les propriétaires abandonnaient des terres pour les cul-
tiver, et en servir les redevances ; en *hommes libres*
divisés en trois ordres, 1°. *Les familles sénatoriales*,
2°. *les curies*, formées de propriétaires fonciers,
n'exerçant aucun métier pour gagner leur vie,
3°. en *corporations* ou corps de métier, *collegia opi-
ficum*. C'est Alexandre Sévère qui les organisa.

(1) On remarque dans les lettres d'affranchisse-
sement, ce considérant : *Comme selonc le droict de la
nature, chacun doit naistre franc*, etc.

présidés par le Roi lui-même, honorés de la présence des Princes du sang, du concours des grands du royaume, et qui réunissaient ce que l'ordre ecclésiastique avait de plus vénérable, l'ordre de la noblesse de plus digne de respect, l'ordre municipal de plus recommandable, l'ordre judiciaire de plus éclairé, l'ordre des bourgeois de plus pur ? N'était-ce pas un service immense rendu à la tranquillité et au bonheur des peuples que cette sage institution qui remplaça les états généraux de 1355, 1356 et 1357, qui, comme toutes les fausses représentations nationales que nous avons eues depuis, n'ont été que des artisans de discordes, et des instrumens de calamités.

Charles V, en rendant fixes les parlemens, n'a-t-il pas donné, au peuple, un appui constant et assuré contre l'arbitraire, et aux princes ses successeurs, un moyen certain d'être religieusement informés de tout ce qu'il était utile de faire dans l'intérêt général ? N'est-ce pas à Charles VII, et aux preux chevaliers qui composaient sa cour, que la France a dû son indépendance menacée par Henri V, roi d'Angleterre? N'est-ce pas à François premier, que notre nation a dû ses progrès dans les arts, dans les sciences et dans les lettres, genre de gloire d'une bien autre importance que celui que procurent les triomphes guerriers toujours payés trop cher?

C'est avec des larmes d'attendrissement que tout bon Français se rappelle Louis XII; son bonheur n'est parfait que lorsqu'il mêle à ses chants le nom chéri d'Henri IV, et son cœur s'enivre de gloire, en nommant Louis XIV.

Cependant, qui a remplacé, dans nos orages révolutionnaires, cette noble série de souverains et de bienfaiteurs? Ah! ne souillons pas notre plume par l'énumération des hommes qui ont désolé notre patrie, et portons nos regards sur Louis-le-Désiré, incomparable successeur du Roi-martyr; et, qui vient, comme une seconde providence, de nous arracher de l'abîme qui était prêt à nous engloutir!

Ce n'est pas assez pour sa belle ame , de nous ramener insensiblement au bonheur , en rappellant le souvenir de notre antique vertu , et de notre sage législation ; il a pitié de notre faiblesse , et c'est par une charte , douce expression de sa bonté , qu'il rattache le présent au passé , afin de nous préparer le plus consolant avenir.

Tous les vrais Français ont applaudi au serment auguste que les chambres ont prêté avec un sentiment religieux :

Je jure fidélité à la charte constitutionnelle et aux lois fondamentales du royaume , ont dit ces magistrats appelés à cicatriser les plaies de la France ; promesses solemnelles ! engagemens sacrés ! C'est vous qui m'avez inspiré l'idée de retracer le tableau de nos bonnes maximes législatives. Puissé-je en les publiant être aussi utile , que j'ai toujours desiré l'être !

Mais , de bonnes lois ne suffisent pas (1) : Il faut encore que chacune des

______

(1) *Quid leges , sine moribus , vanæ efficiunt ?* Cic.

parties de l'administration publique, à quelque ordre qu'elles appartiennent, soient remises à des cœurs purs, à des esprits éclairés, à des mains innocentes; sans cela toutes les combinaisons du génie et tous les efforts de la sagesse, s'évanouiront comme des rèves enchanteurs pour être suivis d'un épouvantable réveil !

Quand reprendrons-nous donc nos mœurs, nos vertus, et ces institutions presque divines, qui firent le bonheur et la gloire de la patrie ?

Faudra-t-il donc toujours que de misérables discoureurs intervertissent les idées, corrompent les cœurs, anéantissent les vraies lumières. Eh quoi! les palmes de l'honneur sont dans les mains des meurtriers; les incendiaires ont la garde de nos palais; les Locustes et les Branvilliers préparent nos breuvages, et nous nous étonnons que les étrangers fuyent avec horreur loin de nous !

Que des hommes sans génie, sans moralité et sans expérience cessent de tenir l'honorable et pénible emploi de réparer nos immenses pertes, que les agitateurs ne président plus à la sûreté de l'Etat ; que les parjures ne soient plus les dépositaires de la foi publique ; que l'opprobre n'ait plus le pouvoir de disputer les dignités au véritable honneur, et bientôt réconciliés avec la vertu, nous reprendrons dans l'estime, l'affection et le respect des nations étrangères, ce haut rang dont nous sommes misérablement déchus (1).

---

(1) Lequel, dites-moi, est le plus fort du vice ou de la vertu, du crime ou de l'innocence, du mensonge ou de la vérité, de l'injustice ou de la justice ? Il est certain que si c'est le vice, le crime, le mensonge et l'injustice, il est inutile de chercher à rétablir le bon ordre, la perversité ayant ses triomphes assurés.... Mais comme on ne peut douter que la justice, la vertu, l'innocence et la vérité ne l'emportent autant sur eux, que le soleil l'emporte sur les ténèbres ; armez--vous de leur égide, faites renaître la loyauté française ; et tous les peuples de la terre seront bientôt français de cœur et

» On s'est éloigné des bons principes...,
» il faut y revenir et y tenir avec d'au-
» tant plus de constance que leur ex-
» cellence est démontrée par nos mal-
» heurs.

» Pour y revenir, il faut les connaître...
» C'est donc pour retrouver les moyens
» dont se servirent nos pères pour con-
» server leur indépendance qu'il faut re-
» lire leur histoire, afin de ramener parmi
» nous ces institutions nationales qui en-
» tourèrent notre berceau ; et qui, en ces
» jours de honte et de décrépitude , nous
» rendront encore les jours brillans de
» notre adolescence » (1).

S'il pouvait paraître à quelques hommes
trop difficile d'abjurer les erreurs qu'ils
ont professées , je leur rappellerais ce que
disait, en réformant ses décisions, Charlemagne , le plus grand de nos Rois :

d'esprit ; car le peuple ne demande, et n'a jamais
demandé que la justice.

Extr. de la Tribune publique , ou Journal des
Élections , publié en 1797 , tom. 1 , p. 130.

(1) Mém. sur les Et. génér. , p. 43 et 44.

En nous corrigeant nous-mêmes nous donnons à la postérité un bel exemple à suivre. (1).

Charles V, si justement surnommé *le Sage*, ayant par erreur privé injustement de leurs offices plusieurs membres du parlement, n'hésita pas à s'exprimer dans ces termes : « Avons de notre » propre bouche déclaré la privation par » nous faite, avoir procédé de *fait seule-* » *ment et non de raison ni de droit.* Ains avoir » été obtenue par *fausse suggestion*, et très- » grande importunité et comme par *im-* » *pression*, et *non* pas *de notre franche vo-* » *lonté* ».

Ce grand Prince prononça l'arrêt en plein parlement ; il fit plus : il ordonna qu'il serait *signifié à l'Empereur, à N. S. P. le Pape, au collége des Cardinaux, et à tous les Prélats, nobles et bonnes villes,* afin qu'ils n'ayent aucunes sinistres suspicions contre lesdits officiers et conseillers, et qu'ils

---

(1) *Nosmetipsos corrigentes posterisque exemplum dantes.* Cap., tom. 1.

les tiennent et réputent avoir été bons et loyaux.

Il ordonna même de *dépiécer* et *ardre* les lettres de privation (1).

« Quand *l'orgueil et la présomption* mar-
» chent les premiers , *honte et dommage*
» les suivent de près , disait souvent
» Louis XI ; et un bon Roi doit plutôt
» acquiescer à la *justice et à la raison qu'à*
» *sa propre volonté* » , ajoutait ce monarque (2).

Si donc les plus grands Princes ont secoué le jou d'un orgueil funeste pour s'amander eux-mêmes, — Citoyens et ma-gistrats , nobles ou plébéiens, pauvres ou riches , sachons comme Philippe - le - Bel (3), prendre des informations plus exactes, chercher des renseignemens plus sûrs , adopter des doctrines plus sages, et remplis du saint amour du bien public , rentrons dans le chemin de la vérité.

---

(1) De la majorité des Rois , tom. 4.

(2) Biblioth. de Bouch. , *verbo* loix.

(3) Rex modò pleniùs et meliùs informatus , no-

Reprenons cette trace lumineuse que nos ancêtres ont religieusement suivie (1) ; car, les lois fondamentales sont l'expression des droits et des devoirs des sociétés appelées *peuples*, états ou nations. Elles sont écrites en caractères ineffaçables, par la main même de Dieu, dans le cœur de tous les hommes.

Elles ne peuvent être le produit ni des chartes, ni des décrets, ni des ordonnances, ni de ces résolutions fugitives que des présomptueux ont décoré du beau nom de lois.

Ces actes ne sont que des reconnaissances partielles des règles adoptées ; mais ils sont bien loin d'en présenter le système complet, dont la révélation ne

______

tans quod illud quod *credebat fuisse in eorum commodum*, *in* eorum *damnum* redundet, voluit, etc. Ordonn. du Louvre, tom. 1.

(1) La constitution anglaise est une série d'actes successivement adoptés à mesure que l'expérience en a fait reconnaître et le besoin et la bonté.

sera faite aux hommes que lorsque la Divinité aura daigné les associer à son génie suprême (1).

----

(1) Il y a dans les lois, dit Sophocle, une divinité puissante qui triomphe de l'injustice des hommes, et qui ne vieillit jamais.

STATISTIQUE

DE

LA LÉGISLATION CONSTITUTIONNELLE

DE FRANCE EN 1788,

OU

MAXIMES FONDAMENTALES

DE

LA MONARCHIE FRANÇAISE.

DU GOUVERNEMENT.

ARTICLE PREMIER.

Le gouvernement est monarchique.

2. La couronne est héréditaire de mâle en mâle (1) par ordre de primogéniture.

---

(1) Franci.... optimè vitam suam instituentes, filii patribus in regnum succedunt. Voyez les écrits d'Agathias, lib. 1 et 2. D. Bouquet, tom. 2, pag. 48, 51, 71 : hæredes tamen successoresque suicuique liberi. Tacit., de Mor. Germ.

Le trône est devenu héréditaire : ainsi l'a voulu la nation, et cette loi fondamentale des États de 1328, est un monument de leur sagesse. Mém. sur les États-Généraux, pag. 51.

1

5. Les femmes (1), les enfans naturels (2) et les individus qui ne sont pas nés de parens français,

______

(1) Loi salique ou plutôt son interprétation, car elle n'a jamais porté cette exclusion ; mais les auteurs pensent qu'elle n'en dóit pas moins être conservée suivant cet axiome : « Longa consuetudo pro lege habetur, lex autem » est constitutio scripta ; mos, est vetustate probata con- » suetudo sive lex non scripta : nàm lex à legendo vocata, » quià scripta est ». Préambule de l'ancienne rédaction de la loi salique d'Eccard, pag. 8, et d'après la loi sui- vante : A declamatoribus vel causidicis qui nec judicium scabiniorum adquiescere nec blasphemare volunt, antiqua consuetudo servetur. Baluze, tom. 1, pag. 425, 436, 755, 833, capitul. de Charlemagne.

La loi salique, tit. 62, et la loi des Bourguignons, tit. 1, § 3, tit. 14, § 1 et tit. 51, se contentaient de re- fuser aux filles le droit de succéder aux terres avec leurs frères ; et, en voici le motif : Les troupes de garnison ou de frontière, *milites limitanei vel riparenses*, recevaient à titre de bénéfices militaires, des terres transmissibles à leurs enfans ou héritiers, mais à la charge par ceux-ci de servir à la guerre, engagement qui ne pouvait être pris par les femmes. *Voici le dispositif de cette fameuse loi :* De terrà verò salicà nulla portio hæreditatis mulieri veniat, sed ad virilem sexum tota terræ hæreditas perveniat.

Honestiùs maribus priucipibus quàm fœminis quan- tumvis egregiis paretur. Tacit., *hist.*, lib. 5.

(2) Marculphi, form., art. 52 ; Aimoin, c. 94, l. 3, p. 147, Greg. Turonn. continuat. fredegarii, l. 11, c. 36. L'édit de 1717, hist. de France, par Daniel, tom. 1, p. 1014.

ne peuvent ni succéder au trône, ni l'occuper.

4. Le roi tient de Dieu seul le sceptre et la couronne (1).

---

(1) Commoda quibus utimur, lucem quà fruimur, spiritum quem ducimus, à Deo nobis dari atque impartiri videmus. Cic. de off..

Deo nihil quodquidem in terris fiat, acceptius est quam concilia, cœtusque hominum, jure societatis, quæ civitates appellantur. Cic., 3 de leg.

Et stabit et pascet in fortitudine Domini : in sublimitate nominis Domini Dei sui. Proph. Michææ, 55.

Ego feci terram et hominem et jumenta quæ sunt super faciem terræ in fortitudine meà magnà et in brachio meo extento ; et dedi eam ei qui placuit in oculis meis. Jer., 27, 5.

Audite ergo, reges, et intelligite... Quoniam data est à Domino potestas vobis et virtus ab Altissimo. Lib. sapientiæ, cap. 4.

S'il est un état difficile et dangereux, c'est celui de ceux qui sont appelés à gouverner les autres ; il faut qu'ils soient sans cesse occupés de ce qu'ils se doivent à eux-mêmes, et de ce qu'ils doivent à leurs sujets, s'ils veulent se rendre dignes du rang qu'ils occupent, et dont ils ne sont redevables qu'à la bonté de Dieu. Marquis d'Argens, tom. 5, pag. 2.

Si quis velit de possessione rerum spiritualium coram aliis quam regiis judicibus litigare... ille sciat *regis autoritatem et potestatem non ab hominibus sed à Deo datam, leges item Galliæ antiquissimas et libertatem ecclesiæ gallicanæ semper impedimento fuissè.* Disc. des ambass. au conc. de Trente, 22 sep. 1563. Par l'autorité souveraine

1 *

5. La couronne de France n'est soumise à la suzeraineté d'aucune puissance étrangère (1).

6. Le vrai caractère du monarque français est de pourvoir aux besoins du peuple dont il est le père par sa charge (2).

---

le prince tient sur la terre la place de la divinité, et porte sur son front l'empreinte de cette majesté, qui n'est autre chose que l'image de la grandeur de Dieu. Bossuet, Traité de la Politique tirée de l'Ecriture-Sainte, pag. 348, 363, 437.

Le pouvoir d'un roi est au-dessus du pouvoir paternel et du pouvoir de maître. Grotius. On peut dire en un fort bon sens, que tout gouvernement civil vient de Dieu, et que les puissances sont établies par le roi des rois. Puffendorf. Le monde entier n'est devant Dieu qu'une même république, chaque nation qu'une même famille. La même loi d'ordre et de justice qui rend le droit héréditaire des terres inviolables, rend le droit héréditaire des couronnes sacré. Le consentement libre ou forcé, exprès ou tacite d'un peuple à la domination, peut bien être le canal par où découle l'autorité, mais il n'en est pas la source. Ce consentement n'est qu'une simple déclaration de la volonté de Dieu, qui manifeste par-là à qui il veut que l'autorité soit confiée. Essai sur le Gouvernement civil, par Ramsay.

(1) Max. du Droit français, tom. 4, pr. verb. des états de 1614, par Rapine.

(2) Bossuet, id. q. s. pag. 430.

DE LA RELIGION DE L'ÉTAT.

7. La religion catholique, apostolique et romaine est la religion de l'état (1).

(1) Nulla gens est tàm fera , quæ non , etiamsi ignoret qualem deum habere deceat , tamen habendum sciat. Cic. , *de Div.* , 105. Sit igitur hoc ab initio persuasum civibus, dominos esse omnium rerum ac moderatores deos; eaque quæ geruntur, eorum geri vi , ditione ac nùmine; eosdem que optimè de genere hominum mereri , et qualisquisque sit , quid agat , quid in se admittat , quà mente , quà pietate colat religiones intueri , piorum et impiorum habere rationem. His enim rebus imbutæ mentes haud sanè abhorrebunt ab utili et à verà sententiâ. Cic. , de Leg. l. 2, 7. Par-tout où il y aura une société établie , une religion sera nécessaire; les lois veillent sur les crimes publics , et la religion sur les crimes secrets... Voltaire.

Par les principes , la philosophie ne peut faire aucun bien , que la religion ne fasse encore mieux , et la religion en fait beaucoup que la philosophie ne saurait faire.

Rousseau.

Charte de S. M. Louis XVIII , art. 6.

DU CLERGÉ.

8. Le clergé est le dépositaire de la morale publique (1), de la vérité du dogme, de la pureté

---

(1) Ministerium non dominium. S. Bernard de offic. episcopi. t. 1 , pag. 462. Verus dominatus est apud reges non autem penès sacerdotem. Marca , *de Concord. sacerdotum et imperii.* Lib. 2 , cap. 16 , n. 6.

Præsis ut provideas , ut consulas , ut serves ; præsis ut prosis...... præsis ut dispenses , non imperes. S. Bern. lib. 3 de consider. c. 1 , t. 1 , p. 426.

Si judex aliquem contra legem injustè damnaverit , in nostrâ absentiâ , ab episcopis castigetur. Cap. de Clotaire sur la révision des jugemens en l'absence du roi.

Le clergé a de tout temps tenu le premier rang dans l'état. V. ch. 25 , l. 1 , ancienne loi des français , par Houard , tom. 1 , pag. 201.

Nos ancêtres ont toujours été grands observateurs de la religion ; et, long-temps avant la venue de J. C. les Druïdes étaient leurs prètres...... Il ne se formait aucune résolution que par leur avis....... Il ne faut donc pas s'étonner si , depuis que la vérité de l'évangile a fait connaître la sainteté du christianisme en France , les prélats y ont conservé tant de prérogatives et de considération ; ils ont été appelés dans le conseil des rois , ils ont assisté à la décision des affaires les plus importantes , ils ont par-tout

du culte (1), et doit ramener, par la persuasion,
à l'unité de croyance.

---

occupé les premiers rangs ; on a déféré à leur jugement...
Traité de la Politique de France, par M. P. H. Marquis
de C. , pag. 33.

(1) La sainte église romaine , la mère , la nourrice et
la maîtresse de toutes les églises , doit être consultée dans
tous les doutes qui regardent la foi et les mœurs. Paroles
d'Hincmar , archevêque de Reims. OEuvres de Bossuet,
tom. 8 , pag. 524.

DE LA NOBLESSE.

9. La stabilité du trône, l'honneur des armes françaises (1) et l'indépendance nationale sont spécialement sous la sauve-garde de la noblesse (2);

(1) « Défendons (dit Henri IV, édit de 1600 , art. 2.) » à toute personne de prendre le titre d'écuyer et de » s'insérer au corps de la noblesse , s'ils ne sont pas » issus d'un aïeul et d'un frère qui aient fait profession » des armes, ou servi en quelques charges honorables » du royaume qui , par les lois et coutumes du royaume , » peuvent donner commencement à la noblesse. »

(2) On remarque trois sortes de noblesse ; la première, *du sang*, dont la source, cachée dans l'obscurité d'une longue suite d'années, ne saurait plus se découvrir ; cette sorte de noblesse est la plus estimée parmi les hommes , d'autant que nous-mêmes nous l'appelons *vénérable*, et que nous avons une espèce de religion pour les choses qui nous en sont restées... *La deuxième* espèce de noblesse , est celle qui se fait par les charges et principaux emplois auxquels les lois ont attaché cette marque d'honneur ; *et la troisième*, celle qui s'acquiert par les lettres du prince, et qu'on appelle *lettres d'anoblissement* : il n'appartient qu'au roi de donner ces sortes de lettres...... Il n'appartient qu'à César de conserver les nobles ; il n'appartient qu'au roi d'*honorer de cette qualité les braves et vaillans sujets.* Id. q. 8. pag. 78 Traité de la Politique.

la haute noblesse est seule héréditaire *de droit* (1).

---

(1) Tous les savans qui ont écrit sur les coutumes de la nation des Francs, le comte de Boulainvilliers lui-même, ce partisan outré des prérogatives de l'ancienne noblesse, ont pensé qu'il n'y avait parmi les Francs d'autre distinction de sang que celle de l'*homme libre* et du *serf* ou de l'*esclave*; par conséquent il n'y avait qu'un *seul ordre de citoyens* dans la nation des Francs. La naissance les rendait tous égaux; et le mérite, les talens ou la faveur établissaient seuls *des distinctions* uniquement *personnelles*; il n'y avait que la famille royale qui jouît des honneurs attachés au sang; les rois étaient tirés de la même famille. *Lettres sur l'origine de la Noblesse française,* Lyon, chez Jean de Laville, 1763, pag. 4, Lettre 1re.

Tacite confirme cette règle : « Reges ex nobilitate, » duces ex virtute sumunt. » *De moribus Germ.* cap. 7. Voy. Hertius Not. Reg. Franc. vet. cap. 3, et Not. Gall., *verbo* Rotom.

Dom Ruinart, dans sa préface de l'édition qu'il a donnée des Œuvres de Grégoire de Tours, énonce clairement que les honneurs civils et militaires de la nation étaient indistinctement conférés, sans distinction de noblesse, soit aux Francs, soit aux Romains, soit à ceux qui appartenaient à des familles anciennes, soit à ceux qui l'emportaient par leur consistance sociale. Voici ses propres termes : « Qui ex veteribus Gallis aut *opibus* præs-» tabant, aut erant ex *antiquis familiis* orti, *dignitates* » *etiam præcipuas* sicut veteres Franci obtinuerunt, fac-» tique sunt *duces* et *comites* quos passim legimus his » verbis designatos, *Francos* aut *Romanos* genere. »

DE LA PUISSANCE PUBLIQUE.

10. La loi fondamentale de l'état forme une liaison réciproque et éternelle entre le prince et ses descendans d'une part, et les sujets et leurs descendans de l'autre part, en vertu d'une espèce de contrat qui destine le souverain à régner et les sujets à obéir... Engagement solennel dans lequel ils se sont donnés les uns aux autres pour s'entr'aider mutuellement (1).

11. La puissance publique appartient indivisiblement au roi et au peuple (2).

---

(1) Traité des Droits de la reine sur divers états de la monarchie d'Espagne, 1re. partie, p. 169, édit. de 1667, in-12.

Le royaume est au roi, disait le parlement de Paris à François Ier., *et le roi est aussi au royaume.* Vous êtes tenu de conserver les droits de votre couronne, laquelle est à vous et à vos peuples commune, à vous comme au chef, à vos peuples et sujets comme aux membres. Voy. Regist. du Parl. 20 décembre 1527.

(2) Hoc decretum est apud regem et principes ejus, et apud cunctum populum christianum qui infra regnum Merwingorum consistunt. Prologue de l'ancienne rédaction de la Loi salique. D. Bouquet, 1, 4, pag. 124.

Cours souveraines et parlemens sont *peuple*. (Mot du card. de Retz...)

12. Le roi a seul l'initiative des lois et de leur institution (1).

13. Le droit de la guerre et de la paix est partagé entre le roi et le peuple (2).

14. Le roi, l'état et la loi forment un tout inséparable (3).

---

(1) Une loi se fait par la constitution du roi et le consentement du peuple. Capit. Carol. Calv., tom. 36, cap. 6, 8. *Rex vel princeps audiuntur autoritate suadendi magis, quam jubendi potestate.* Tacit. de Mor. Germ. cap. 11. *Lex consensu populi fit et constitutione regis.... Capitularia quæ Franci pro lege tenenda judicaverunt...* Prolegomènes des Capitulaires.

(2) *Imperator..... (anno 825) Legatos Bulgarum circà medium maium Aquasgravi venire præcepit... Habiturus ibidem conventum quem de Britanniâ regressus.... Indicaverat...* Annales d'Eginhard. D. Bouquet, tom. 6, pag. 185 et le Recueil des Historiens des Gaules.

(3) Remontrances du parlement de Paris, 9 avril 1753. S'en prendre au peuple, disait Henri IV, c'est s'en prendre au roi.

ORGANISATION

DE

LA PUISSANCE PUBLIQUE.

15. Le roi dirige l'administration intérieure et extérieure de l'état (1).

16. Il confère, suivant son bon plaisir, les rangs (2), les dignités, les honneurs, les récompenses et les emplois.

---

(1) Charte de Louis XVIII, art. 13.

(2) Toutes les distinctions, dans l'État français, ont donc été personnelles ; elles ne passaient à la postérité que dans des cas qui ne faisaient ni loi ni coutume, du moins sous les rois de la 1re race; Lettre sur la Noblesse, p. 127.

Il n'appartient dans une monarchie qu'au souverain de marquer les rangs par la distribution des dignités ; c'est même de ce point fixe qu'il faut partir pour apprécier avec quelque sûreté le mérite et le rang des maisons du royaume, pag. 341.

Rectum est (*c'est le roi qui parle*) ut qui fidem nobis pollicentur inlæsam, nostro tuantur auxilio, et quia ille (*le nom de noble créé par l'acte*) noster fidelis deo propitio, veniens ibi in palatio nostro cum arimaniâ suâ, in manu nostrà trustem et fidelitatem nobis visus est conjuràsse; propterea per præsens præceptum decernimus ac jube-

17. Les parlemèns qui représentent les assemblées des états, examinent, discutent, acceptent, rejettent ou modifient les lois proposées par le roi (1).

---

mus ut deinceps memoratus ille in numero *Amsthrutionum* computetur ; et si quis fortasse eum interficere præsumpserit, sciat se, *Wirguldo* suo , solidis sexcentis esse culpabilem. Marculf. Fol. 23, *de regis Amsthrustione* , édit. de Lindembrock.

Charte de Louis XVIII, art. 14, 27, 71.

(1) Cette disposition était consacrée par les Etats. V. Laroche , l. 13, chap. 9 , p. 687.

Le 4 juin 1577 , les premiers Etats de Blois envoyèrent des députés au roi de Navarre , avec commission de dire à ce prince, *qu'il fallait que tous les édits fussent vérifiés et comme contrôlés ès-cour de parlement devant qu'ils obligent d'y obéir ; lesquelles , combien qu'elles ne soient qu'une sorte de trois états racourcie au petit pied , ont* pouvoir de suspendre , modifier et refuser les édits. Voy. Mém. du duc de Nevers , Paris 1665 , tom. 1 , p. 144.

» La guerre n'a pas seulement été faite à votre peuple par des soldats enrôlés et levés , sous vos commissions, mais aussi par une autre sorte d'ennemis... Ce sont, Sire , les partisans qui ont épuisé vos finances et nous ont mis à la besace ; ce sont les inventeurs des subsides et édits nouveaux , vermines d'hommes et couvées de harpies écloses en une nuit..... Ils marchent orgueilleux et en crédit, le sergent en croupe pour exécuter, à leur mot, vos sujets. Plaintes des Etats de 1588, Voy. Recueil des Etats , art. 2, pag. 208. »

18. Ils font des remontrances sur les additions, augmentations et changemens dont elles sont susceptibles (1).

19. Le roi réunit les états et les parlemens en assemblées générales (2) ou en lits de justice, toutes les fois qu'il lui plaît.

____

(1) Une loi n'est point une loi, ni une ordonnance tenue pour ordonnance, qu'elle n'ait été apportée en ce lieu (le parlement), qui est le consistoire des rois, délibérée, publiée et registrée. Voy. Tres. des Harang. Paris, 1688, part. 2, pag. 198.

(2) In Saxoniam (anno 782) .... Ut in Franciâ quotannis solebat, generalem conventum censuit (rex). V. Annales d'Eginhard et D. Bouquet, tom. 5, p. 205.

« Le corps-législatif ne doit point s'assembler lui-même ; car il pourrait arriver qu'il ne se prorogerait jamais ; ce qui serait dangereux dans le cas où il voudrait attenter contre la puissance exécutrice. D'ailleurs il y a des temps plus convenables les uns que les autres pour l'assemblée du corps-législatif. Il faut donc que ce soit la puissance exécutrice qui règle le temps de la tenue et de la durée de ces assemblées, par rapport aux circonstances qu'elle connaît ». Esprit des Lois, l. 11, ch. 7.

DU ROI.

20. La souveraineté du prince, son autorité sur tous ses sujets indistinctement, l'obéissance des peuples et leur liberté légitime forment l'essence de la monarchie, et ne peuvent subsister que par le maintien des lois (1).

21. Le roi seul a le droit d'appeler à l'armée les individus nés français (2), de convoquer ou de séparer les états, de réunir en lits de justice les parlemens, de proposer les lois, de faire grâce (3),

---

(1) Remontrances du parlement de Paris, 9 avril 1753.

(2) Mandat vobis... Studeatis vos fideles sanctæ matris ecclesiæ sui unanimes fieri... Ad resistendum inimicis et christiani nominis persecutoribus. Capit. Carol. Calv., de l'an 856, tit. 20, art. 5 ; Baluze, tom. 2, pag. 85 et 86. Transacto vero anno (485), Jussit Clodoveus omnes cum armorum apparatu advenire phalangas ostensurum in campo martio suorum armorum nitorem...... Reliquos abscedere jubet. Grég. de Tours, l. 2, 27.

(3) Chilperico rege..... Filius nascitur, ex hoc jubet rex omnes..... Vinctos absolvi, compositionesque negligentum fisco debitas præcepit omninò non exigi. Greg. de Tours ; D. Bouquet, tom. 2, pag. 278.
Charte de Louis XVIII, art. 67.

de battre monnaie (1), de juger lui-même ou de faire juger les crimes contre l'état et la sûreté publique (2).

22. Les cours souveraines, les tribunaux ainsi que tous les membres du corps entier du peuple sont incompétens pour juger, dégrader, punir et même blâmer le roi (3).

---

(1) Quod in omni loco, in omni civitate et in omni emptuario similiter vadant isti novi denarii et accipiantur ab omnibus. Si autem nominis nostri numisma habent et mero sunt argento, pleniter pensantes; si quis contradicit eos in ullo loco, in aliquo negotio emptionis vel venditionis, quindecim solidos componat ad opus regis. Cap. Francofort, an. 794, art. 3. Baluze, t. 1, pag. 264.

(2) Maximarum injuriarnm judicium penès reges esto : minorum penès senatores. Lois de Romulus, art. 23.

(3) V. Baluze, tom. 2, pag. 99.

Un fils ne s'arme point contre un coupable père ;
Il détourne les yeux, le plaint et le révère.
Les droits des souverains sont-ils moins précieux ?
Nous sommes leurs sujets, leurs juges sont les dieux.

Voltaire.

Il n'est pas possible de penser ni qu'on puisse attaquer le roi, sans attaquer le peuple, ni qu'on puisse attaquer le peuple sans attaquer le roi ; et il n'y a que les ennemis publics qui séparent l'intérêt du prince de celui de l'état. Boss. Loco citato. pag. 348, 363, 437. *Nemo nisi solus Deus principis judex esse potest.* Gregoire de Tours.

In cogitatione tuâ regi non detrahas. Ecclesiaste.

Charte de Louis XVIII, art. 13.

23. Le roi est majeur à quatorze ans (1).

24. La première loi du souverain est de les observer toutes ; il a lui-même deux souverains : *Dieu* et *la Loi* (2).

———————————

(1) Ordonnance d'août 1374, donnée à Vincennes, par laquelle Charles V fixe la majorité des rois de France.

Elle a été enregistrée au parlement, le roi présent, et tenant avec les seigneurs un lit de justice, le 21 mai 1375. Cette loi a reçu son application dans la personne de François II, Charles IX, Louis XIII, Louis XIV et Louis XV.

(2) Mot d'Henri IV. Le chancelier Olivier disait à Henri II, en 1549, que la solide gloire des Rois était de soumettre leurs majestés à *justice*, à *restitution* et à l'observance de *leurs propres édits*.

DES GRANDS OFFICIERS

DE LA COURONNE.

25. La principale fonction des grands officiers de la couronne est de servir la patrie, soit en commandant les armées, soit en rendant justice, soit en veillant au versement des contributions dans le trésor royal (1).

---

(1) Carta de Ducatu, Comitatu, et patriciatu.

Perspicué regalis in hoc perfecta concludatur clementia, ut in cuncto populo bonitas et vigilentia requiratur personarum, nec facile *judiciariam* convenit committere dignitatem, nisi *fides* et *strenuitas* videantur esse probatæ ; ergò dùm et *fidem* et *utilitatem* tuam videmur habere compertam, ideò tibi actionem comitatûs, ducatûs aut patriciatûs in pago illo quem antecessor tuus ille usquè nùnc visus est egisse, tibi agendum regendumque commisimus ; ità ut semper erga regimen nostrum *fidem inlibatam* custodias, et omnes populi ibi commanentes tam Franci, Romani, Burgundiones, vel reliquæ nationes sub *tuo regimine* et *gubernatione* degent et moderentur et eos, *recto tramite*, secundum *legem* et *consuetudinem* eorum regas, *viduis* et *pupillis* maximus defensor appareas, malefactorum ac latronum scelera severissimè reprimantur, ut populi benè viventes

DE LA PAIRIE.

26. La dignité de la pairie est en quelque sorte collatérale à la royauté. Le titre de *pair* ne constitue pas une égalité de rang et de dignité entre celui qui le porte et le roi, mais il est conféré aux grands de l'état, pour indiquer qu'ils sont égaux entre eux (1).

27. Les pairs de France réunis composent le parlement du roi (2).

28. Les lois générales sont consenties par les pairs (3).

---

debeant consistere quieti, et quidquid de ipsâ actione in *fisci* ditionibus speratur, per *vos metipsos*, singulis annis, *nostris ærariis* inferatur. Form. Marculf. ed. Lindemb. § 32. Quant au commandement militaire, voy. *Cap.* Car. Magni. *anno* 812, art. 3, 4, ed. Baluz.

(1) Lettre sur la noblesse, pag. 224, 225.

(2) Mém. sur les états-généraux, p. 99. Pasquier, p. 51.

(3) Beaumanoir, sur les établissemens de Saint-Louis, liv. 11, chap. 25.

2 *

DU SACRE DU ROI.

29. LE serment prêté par le roi de respecter les droits, les priviléges et les lois, font, du sacre des rois de France, une cérémonie vraiment nationale (1).

(1) Etats-Gén. de 1484. *V.* leur Histoire par Masselin. Arrêt du Parl. de Paris, qui autorise, en 1498, Louis XII à intituler *de son nom* les actes signés avant le sacre.

DES ÉTATS (1).

30. LES assemblées des états sont convoquées par baillage et par sénéchaussée (2), et rarement par gouvernement (3).

31. Chaque communauté forme un cahier, et l'envoie à l'assemblée provinciale qui forme le cahier général *expositif* des demandes et *limitatif* des pouvoirs confiés aux représentans.

(1) On les a vus..... réunir le respect pour le Roi à l'amour de la liberté et dévouer à la haine, à l'opprobre les ministres pervers qui, abusant de la confiance des Rois, commettent le crime inexpiable de désunir, dans leur cœur, l'intérêt du Monarque de l'intérêt du peuple.

Jamais, en aucune occurence, ils ne se dessaisirent du pouvoir d'accorder ou refuser l'impôt, de veiller à l'emploi des deniers publics, et ils ont toujours exigé que ce droit fût clairement reconnu et développé.

Aucun moyen ne put les éloigner de ce principe, conservateur de nos libertés, *qu'ils n'étaient que les mandataires de la Nation, asservis à suivre les ordres de leurs commettans, et ne pouvant statuer sur aucun objet sur lequel ils n'auraient pas reçu l'instruction de leurs baillages.*

(2) Etats de 1322, 1356, 1440, 1484, 1576, 1614. *V.* Jean Chartier, auteur de la *Grande Chronique*.

(3) Etats de 1561.

32. Quelquefois, sans réunir les états, le Roi consulte le peuple en réclamant son opinion par baillage et par sénéchaussée (1).

33. Lorsque le Roi est incapable de régner, le premier prince du sang convoque les états : et, s'il ne les convoque pas, au bout de trois mois chaque baillage ou sénéchaussée procède au choix des députés (2).

34. En cas de vacance du trône par l'extinction de la famille royale, les états ont seuls le droit d'élire un souverain.

35. Il n'existe pas d'autorité supérieure qui ait le droit de réformer les décisions des états (3).

36. Les députés aux états généraux ne sont point établis pour décider du sort de la chose publique ; ils ne sont que de simples mandataires, et ne peuvent pas excéder les pouvoirs qui leur ont été donnés par leurs commettans, sous peine d'être poursuivis comme traîtres et prévaricateurs.

---

(1) Boulainvilliers, tom. 2 du gouvern., pag. 136, Mézerai, ann. 1316.

(2) Etats de 1561.

(3) *Pas même le Roi*, ajoute Sully, Mém. liv. 8. On convoque, dit Clotaire dans Aimoin, *de gest.*, *franc*, lib. 2, cap. 1, les assemblées des Etats, parce que tout ce qui regarde *la sûreté commune* doit y être examiné et églé par une décision commune et générale ; *le roi doit se conformer à tout ce qu'elles ont résolu.*

DES COMMUNES.

37. Les droits de chaque commune consistent à s'assembler, délibérer, se gouverner, et veiller à leur propre sûreté (1), sous l'autorité du gouvernement.

38. Les habitans des villes et des bourgs ont le droit de choisir eux - mêmes les officiers municipaux qui doivent faire partie de l'assemblée de chaque commune.

39. L'assemblée communale accorde le droit de bourgeoisie, et reçoit le serment en tel cas requis.

(1) Ordonnance de Louis le Gros.

DU CONSEIL D'ÉTAT.

40. Le conseil d'état est celui què le Roi tient avec ses ministres. Il a six grands objets : *L'administration générale, la sûreté intérieure et extérieure, les finances, le commerce, les affaires des provinces, et le réglement des affaires privées*, en ce qui concerne la *cassation des arrêts*, les *évocations*, et les *récusations*.

DU CHANCELIER.

41. Les lois adoptées sont remises au chancelier qui en garde l'original (1).

42. Ce grand magistrat est chargé spécialement de tout ce qui concerne la pairie, et les grands-officiers de la couronne.

---

(1) Cap. ann. 833, art. 24, ann. 853.

DES COURS DES COMPTES.

43. Les Cours des comptes condamnent à des amendes les comptables en retard, soit de fournir des états réguliers, soit de faire les versemens prescrits (1).

44. La Cour des comptes de Paris vérifie les dépenses du trésor royal et celle des ministères.

45. Elle fixe la valeur du marc d'or et du marc d'argent, règle toutes les comptabilités générales, enregistre les traités de paix, les contrats de mariage et les actes de dernière volonté des Rois et des Princes du sang, les lettres de légitimation, de naturalisation et de dispense d'âge, les provisions des chanceliers, des gardes des sceaux, et des grands officiers de la couronne.

46. Elle tient acte du serment des Cardinaux, des Archevêques et des Evêques.

47. Les Cours des comptes de provinces ont la vérification de toutes dépenses locales dont l'apurement définitif est, par elles, renvoyé à la sagesse de la Cour des comptes de Paris.

---

(2) Edit de 1557.

DE LA HAUTE POLICE.

48. La haute police s'exerce par des envoyés du Roi, chargés de surveiller les autorités publiques à quelque ordre qu'elles appartiennent (1).

(1) Cap. ann. 833. Cap. 26.

<hr>

DE LA DIVISION TERRITORIALE.

49. La France est divisée ,
en   18 Archevêchés et 112 Evêchés,
       13 Parlemens et 3 Cours souveraines,
       51 Intendances,
       26 Généralités ou grandes perceptions,
       30 Hôtels des monnaies,
et   52 Divisions militaires.

DU DOMAINE

DE LA COURONNE.

50. LE domaine de la couronne est inaliénable, sauf le consentement des parlemens (1) qui représentent les états et conséquemment la nation.

51. Le domaine personnel du monarque devient une partie inséparable du domaine de la couronne (2).

---

(1) En décembre 1556, Henri II convoqua les Etats à Blois. Il demanda deux millions d'or, et déclara, sur le refus qui lui en fut fait, qu'il était résolu d'aliéner une partie des domaines de la couronne. Bodin remontra que le roi n'en était que le simple usufruitier, que le droit commun et la loi fondamentale de l'état rendaient la chose absolument impossible.

Les Etats adoptèrent ce principe. Voy. Hist. de Thou, trad. franç., tom. 7, pag. 467.

(2) En 1590 et 1596, Henri IV donna deux déclarations, pour séparer son domaine personnel de celui de la couronne. Le parlement de Paris refusa de les en

◆◆

DU PARLEMENT DE PARIS

ET

DES AUTRES PARLEMENS DU ROYAUME.

---

52. LE soin de réprimer les doctrines dangereuses , de maintenir l'ordre et la tranquillité publique , de défendre les droits de la couronne , inséparables de ceux de l'état, forme une des portions les plus importantes du pouvoir et des devoirs des parlemens (1).

---

registrer malgré plusieurs lettres de jussion. Le roi qui d'abord fut courroucé de cette résistance, reconnut dix-sept ans après qu'elle avait été juste ; et par un arrêt de 1609, il révoqua les déclarations précédentes, ensemble les arrêts intervenus en conséquence ; et, en tant que de besoin, confirma un arrêt de la cour de Paris du 29 juillet 1599, et ce faisant, déclara les vicomtés et seigneuries dont s'agissait accrues et réunies au domaine du royaume.

(1) Lettre de Charles IX. au parlement , 14 novembre 1561. Registre du parlement. 3o mai 1594, arrêt du parlement de Paris, *qui révoque , casse, déclare nulles toutes les résolutions des députés des provinces assem-*

53. Le réglement des affaires publiques est tou—

---

blées à Paris , sur le faux nom d'états , comme faits par des particuliers sans autorité.

V. Réponse du Roi , 17 avril 1752 , aux remontrances du parlement faites le 15 du même mois.

Cette cour est établie principalement , comme le disait Louis XIV, pour autoriser la justice des volontés des rois , les faire aussi recevoir par le peuple avec le respect et la vénération qui leur est due. Déclar. d'oct. 1648.

Il a été institué (le parlement), *pour en icelle , cour souveraine de ce royaume* , être discutées et terminées en dernier et souverain ressort , les matières qui touchent les droits de nous et de la couronne de France ; les causes qui touchent les pairies , archevêches , évéchés et autres grandes causes et matières *et généralement punir tous abus commis et perpétués sous couleur de justice.*

Il l'a été pour *exercer , administrer cette justice par laquelle , comme vertu principale , le royaume et monarchie sont conservés et entretenus ; les bons prémiés, et les mauvais punis , l'église honorée et le peuple défendu de toutes violences et oppressions.* Lettres patentes de Charles IX, septembre 1483, de François Ier. du 2 janvier 1514 , d'Henri II du 20 septembre 1548.

Les édits qui sont avérés par le conseil, disait M. le chancelier de l'Hôpital, sont envoyés à cette cour, comme l'on a coutume de toujours, et les rois lui en-ont voulu donner connaissance et délibération pour user de remontrances quand elles trouvent qu'il y a quelque chose à remontrer. Regist. 12 novemb. 1561.

jours en première ligne de leurs devoirs (1).

54. Les parlemens ont de droit la vérification

---

(1) En 768 , le parlement de Paris décida du partage de la succession entre les deux fils de Pepin ; et en 806 , sous Charlemagne, entre les trois fils de ce prince ; en 813, il fut assemblé à Aix pour remettre la couronne à Louis le Débonnaire. Il jugea les contestations élevées entre Philippe le Hardi et Charles , roi des Deux-Siciles , pour la succession d'Alphonse , comte de Poitiers. Il décida en 1316 et 1328 la question de la succession à la couronne en faveur de Philippe le Long et de Philippe de Valois, prononça sur Bernard , roi d'Italie , Tassillon , duc de Bavière , et décréta l'empereur Charles-Quint d'ajournenement personnel.

Præfatorum autèm consiliariorum intentio in hoc præcipuè vigebat , ut non speciales vel singulares quorumque causas , sed nec etiam illorum qui pro contentionibus rerum aut legum veniebant , ordinarent , quousque illa quæ generaliter ad salutem vel statum regis et regni pertinebant , domino miserante , ordinata habuissent. Hincmar (qui écrivait sous Charlemagne), tom. 1 , de Ordine palatii.

En 1418 , lors de l'invasion des anglais à Paris , le parlement cessa tout service ordinaire , pour ne s'occuper que des affaires publiques.

Voy. Ordonn. de 1566, 1597 , 1629 et 1667.

Robert, comte de Flandre , créa en 1280, chevaliers , des roturiers. Le parlement lui fit défense d'user à l'avenir de ce droit , parce que dans ces sortes d'anoblis-

des traités de paix (1) et de toutes les lois, qu'ils rendent exécutoires par la délibération qu'ils prennent.

55. C'est au parlement de Paris que les pairs viennent faire serment de remplir les devoirs et les fonctions de la pairie (2).

—————————

semens, l'autorité du roi devait intervenir *nonobstante usu contrario comitis flandrensis.* Voy. Rogue, ch. 28.

(1) Arrêt du parlement de Bordeaux les chambres assemblées, 12 mai 1626.

Moribus nostris et regum christianorum antiquis constituonibus in hunc usque diem religiosè observatio nihil in galliâ publicè quod ad sacras vel humanas res pertineat, pro lege statuitur, quod non sit parlamenti arresto publicandum. Harangue de Ferriere au pape. Preuv. des lib. ch. 2, n°. 35.

Et si forte subreptum nobis quidpiam, ut homini fierit, competenter et fidéliter, pro ut sublimitati regiœ convenit, et necessitatibus subdictorum expedit, ut hoc rationabiliter corrigatur, vestra fidelis devotio admonere curabit. Cap. Carol. Calv. cap. 3, 4. éd. de Baluze.

Les États de 1484 ordonnèrent expressément la *publication des ordonnances et la libre vérification* des parlemens de chaque contrée, *suivant les us et coutumes des pays.*

Les lois du royaume ne tiennent pour parfait aucun établissement public et qui a trait à l'avenir, sinon après avoir été autorisé par la vérification des parlemens. Procès-verbal des Etats de 1614, par Rapine.

(2) Lettres patentes, 10 juin 1556.

56. Aucun des (1) membres d'un parlement ne peut être arrêté et encore moins être mis en jugement, sans l'autorisation du corps auquel il appartient, et qui seul a le droit de le juger, si le délit qu'on lui impute, offense les lois politiques.

57. Les princes du sang et les pairs font partie du parlement de Paris, seul tribunal compétent pour les juger (2), et qui seul est appellé *Cour des Pairs*.

---

(1) Les grands sont toujours exposés à l'envie, et s'ils étaient jugés par le peuple, ils pourraient être en danger, et ne jouiraient pas du privilége qu'a le moindre citoyen d'être jugé par ses pairs. Esprit des Lois, l. 11, ch. 6.

(2) Art. 7 de l'Edit du mois de septembre 1610, registré le 30 mai 1612. Ordonnances d'avril 1453 et de décembre 1363, 1366. Lettres patentes du 13 octobre 1463.

Le prince Condé, condamné par des commissaires, est déchargé de l'accusation par un arrêt du conseil d'état (8 mars 1560) qui porte que sa justification sera enregistrée au parlement.

Il se rend au parlement de Paris avec le cardinal de Bourbon son frère. Il y représente lui-même qu'il avait toujours desiré que sa cause fût connue et jugée par cette cour, qui était, dit-il, le vrai temple de la justice française ; et du corps de laquelle il était comme prince du sang ; il ajoute, *qu'il penserait se faire grand tort*, s'il n'y représentait le droit et l'équité de sa cause, contre la calomnie de ses ennemis, afin que tout fût

58. Les prérogatives et les droits des parle-

jugé et décidé par un honorable et mémorable arrêt, digne de l'accoutumée gravité et sainteté de la cour, la suppliant de lui garder son honneur, qu'il avait toujours estimé plus cher que sa propre vie. Son défenseur ajouta que, si le prince n'avait pas voulu répondre aux commissaires, ce n'avait été que pour se ressentir d'offense quelconque en sa conscience, encore moins avait-il entendu désobéir à la majesté du roi ; mais bien aurait-il refusé de répondre devant tels commissaires, pour *ne faire tort* aux princes du sang de France, qui de long temps ont ce droit acquis, de ne pouvoir être jugés, en ce qui touche leur honneur, ailleurs que par le roi, leur souverain, et chef de leur maison, en ladite cour de Parlement, en laquelle seule est le siége du roi et de ses pairs. Il conclut à ce que les informations fussent apportées ; et que si la cour y trouvait quelque charge, il lui plut, avant d'y ajouter foi, ordonner que les témoins seraient répétés par son autorité, sans laquelle toutes ces procédures devaient demeurer nulles, comme faites par des juges incompétens, et n'ayant, dit-il, pouvoir de ce faire, d'autant qu'à la seule dite cour, qui est le siége des rois et la cour des pairs, appartient d'instruire et juger les procès criminels des princes du sang, lorsque leur honneur est révoqué en doute.

Le parlement en conséquence ordonna l'instruction la plus exacte ; elle dura plusieurs mois, et le prince de Condé fut déclaré *pur et innocent*, par un arrêt qui fut solennellement prononcé, toutes les chambres as-

mens sont ceux de mandataires nationaux (1).

---

semblées, 13 juin 1561, en présence des princes et des pairs, et registré dans toutes les cours souveraines du royaume.

(1) Art. 4, ord. de 1355. Il est à remarquer que l'ord. de 1356, composée de 47 articles, et qui sanctionne tous les décrets des états, a été soumise à l'enregistrement du parlement.

DES MINISTRES.

59. Chaque acte du gouvernement est signé par le ministre chargé de son exécution spéciale.

60. Le ministre devient par-là personnellement responsable de ce que cet acte aurait d'attentatoire aux lois ainsi qu'à la liberté publique et individuelle (1).

61. Dans ce cas, il est traduit en jugement sur la plainte portée à la chambre du parlement, si cette chambre décide qu'il y a lieu à accusation, et nonobstant la grâce que le roi pourrait lui accorder (2).

(1) Ordon. de 1356. Décl. du 15 août 1389, 22 décembre 1499.

Charte de Louis XVIII, art. 13.

(2) « Aucun pardon scellé du grand sceau d'Angle-
» terre ne pourrait être opposé comme exception contre
» une accusation intentée par les Communes assemblées
» en Parlement. » Refl. sur la Rév. fr., par Edmond
Burke, p. 51.)

❖❖❖❖❖❖❖❖❖❖❖❖❖❖❖❖❖❖❖❖❖❖❖❖

DE LA FORME EXÉCUTOIRE

DES ACTES ET DES LOIS.

———————

62. **Pour** être exécutoires, les lois et les actes ont pour titre ces mots : L... par la grâce (1) de Dieu, roi de France et de Navarre, à tous présens et à venir, salut :

Et sont terminés par ceux-ci :

Mandons et ordonnons à nos amés et féaux, les gens tenant nos cours et tribunaux, et à tous dépositaires et agens de la force publique, de ramener et faire ramener les présentes à exécution, d'après toutes les voies de droit.

Tel est notre bon plaisir.

Donné à...... le...... (2).

————————————

(1) « Pépin est le premier roi de France, qui ait employé, dans ses ordonnances, la formule *par la grâce de Dieu* ; ce qu'il ne faut pas regarder comme une marque de souveraineté, puisque non-seulement les princes mais des évêques, des abbés et de simples prêtres en faisaient usage sans autre dessein que d'exprimer leur reconnaissance envers l'Être Suprême », Eraste. Entr. 14, pag. 869.

(2) Voy. Toutes les Ordonnances.

DE LA LIBERTÉ

PUBLIQUE ET INDIVIDUELLE.

63. Tous les Français sont également admissibles à tous les emplois publics (1).

(1) La constitution du royaume de France, dit le président Hénault, est si excellente qu'elle n'a jamais exclu et n'exclura jamais les citoyens nés dans le plus bas étage des dignités les plus relevées. « *Hoc* habet Franco-Gallia, et habuit et habebit in perpetuum ut, etiamsi » infimo loco nati, virtute possint clari evadere, et » honores majores in *hâc benè constitutâ republicâ nostrâ* » assequi obtinere. » Matharel, procureur-général de la reine Catherine de Médicis, dans le Livre qu'il publia, sous Charles IX, relativement à notre droit public.

« Il est de la bonne constitution d'un empire d'ouvrir » à tous les états des voies pour s'élever par le mérite » et les talens; l'espérance de sortir de la bassesse excite » une utile émulation dans les ames bien nées, leur » inspire des sentimens généreux, et les porte à de » grandes actions; et la Providence ne se plaît-elle pas » à faire sortir le germe des talens les plus éminens de » la poussière ? » Lettres sur la Noblesse fr. pag. 246.

Si la société est faite pour l'avantage de l'homme, chaque homme a droit à tous les avantages pour lesquels elle est faite. C'est une institution de bienfaisance,

64. Les propriétés particulières sont inviolables (1).

65. La loi seule détermine le cas où, pour
l'utilité publique, il est porté atteinte à la liberté
individuelle (2).

66. Nul ne peut être distrait de ses juges naturels; chacun a le droit de plaider sa propre cause,
de la faire plaider par un fondé de pouvoir (3) ou
par un homme de loi.

---

dirigée par une certaine règle. Réf. sur la Rév. fr.,
par Burke, pag. 118.

« L'esprit des lois politiques ou constitutives , est
» que tous les membres de la société soient également
» soumis au devoir d'obéir en qualité de sujets , et que
» tous participent autant qu'il est possible au droit de
» commander en qualité de citoyens. » Projet de Déclaration des Droits des Citoyens, par William Pitt,
adressé par celui-ci à l'Assemblée dite Constituante.

Cons. les Décl. du 31 juillet et 22 octobre 1648.

Charte de Louis XVIII, art. 3.

(1) Proprium suum et hæreditatem ubicumquè fuerit
cum honore et securitate secundum suam legem unusquis-
que possideat. Charte de Louis-le-Pieux , art. 9, Baluze,
tom. 1 , pag. 576.

Charte de Louis XVIII , art. 9.

(2) Charte de Louis XVIII, art. 4.

(3) On appellait *attournés volontaires*, les simples por-
teurs de procuration qui se chargeaient de plaider pour
autrui. Voy, Ancienne Cout. de Normandie, f°. 108,
et ancienne Loi franç., par Houard, tom. 1 , p. 74.

67. La liberté des cultes (1) et de la presse est garantie, sauf la répression légale des délits qui pourraient résulter des abus de cette même liberté (2).

---

(1) Non est opus vi et injuriâ quia religio cogi non potest. Lact. inst. de justitiâ, lib. 5, n°. 19.

Les Calmouks se font une affaire de conscience de souffrir toutes sortes de religions. A Calicut, c'est une maxime d'état que toute religion est bonne. Montesquieu, Esprit des Lois, liv. 25, ch. 15.

Lorsque les lois d'un état ont cru devoir souffrir plusieurs religions, il faut qu'elles les obligent aussi à se tolérer entre elles..... Un citoyen ne satisfait pas aux lois, en se contentant de ne pas agiter le corps de l'état ; il faut encore qu'il ne trouble pas quelque citoyen que ce soit. *Id. q. s.*, l. 25, chap. 9.

Voici le principe fondamental des lois politiques en fait de religion : Quand on est maître dans un état de recevoir une nouvelle religion, ou de ne pas la recevoir, il ne faut pas l'y établir ; quand elle y est établie, il faut la tolérer. *Id. q. s.*, l. 25, chap. 10.

Charte de Louis XVIII, art 5.

(2) Anne d'Autriche (mère de Louis XIV) disait à un libraire : Faites imprimer et ne craignez rien ; je protégerai toujours la vérité. Faites tant de honte aux vices, qu'il ne reste que de la vertu en France.

Henri IV ne voulut pas permettre la moindre poursuite contre la satyre intitulée : l'*Ile des Hermaphrodites.* » « Je me ferais conscience, dit-il, de fâcher un homme pour avoir dit la vérité ! »

DE L'ORDRE JUDICIAIRE.

68. Toute justice émane du roi *médiatement et immédiatement.*

69. Les offices de judicature sont inamovibles, hors le cas de forfaiture (1).

70. Aucun jugement ne peut être suspendu ni cassé, si ce n'est par l'autorité judiciaire, supérieure au juge qui l'a porté, et d'après le mode consacré par la loi (2).

71. Tout jugement rendu contre l'équité et le texte précis de la loi, est nul, quand même le roi l'aurait exigé (3).

---

(1) Louis XI l'ordonna ainsi pour prévenir les abus de la puissance royale. États de 1480.

Voy. Loiseau, des Offices, l. 5, ch. 4, nᵒ. 70. Traité du domaine, t. 3, pag. 120, aux notes.

(2) Per hanc generalem auctoritatem...... Jubemus ut, in omnibus causis, antiqui juris forma servetur et nulla sententia, à quolibet judicum, vim firmitatis obtineat quæ modum legis. excedit: Const. génér. de Clotaire II, art. 1, jusqu'à 13. Voy. D. Bouquet, tom. 4, p. 115 et 116. Si quis auctoritatem nostram subreptitiè contra legem elicuerit, fallendo principem, non valebit. *Id. q. s.*

(3) Injustum judicium et definitio injusta *regio metu vel jussu* à judicibus ordinata, non valeat. Cap. Baluze, tom. 1, p. 910.

DES IMPOTS.

72. Les impôts sont fixés chaque année d'après le tableau des recettes et des dépenses de l'année précédente.

73. Ils ne peuvent être créés, augmentés et perçus qu'en vertu d'une loi adopté par le parlement.

74. L'impôt, étant une charge publique, doit être également réparti.

75. Personne, sous tel prétexte que ce soit, ne peut y être soustrait (1).

(1) On peut dire que c'est en cela que consiste principalement cette liberté civile à laquelle aspire la masse de la nation. En effet, il n'a jamais existé, en France, d'esclave proprement dit. La distinction entre les *hommes libres* et les *serfs*, doit s'entendre de ceux qui ne payaient pas d'*impôts*, et de ceux qui y étaient soumis; c'est ce que prouve Montesquieu dans l'application qu'il fait, liv. 30, chap. 14, d'une commission de Charlemagne. Il s'exprime ainsi : *Le prince les rétablit dans leur première liberté civile* (*), *les exempta de payer le cens. C'était donc une même chose d'être serf et de payer le cens ; d'être libre et de ne le payer pas.* Charte de Louis XVIII, art. 2 et 49.

(*) *Pristinæque libertati donatos omni nobis debito censu solutos.* Baluze, *capitul.*, tom. 1, pag. 250.

DU CRIME DE LÈZE-MAJESTÉ.

76. Le crime de lèze-majesté comprend l'attentat à la personne du roi et à celle des membres de sa famille, la reconnaissance d'un usurpateur du trône, les mouvemens séditieux, les armes à la main, et toute intelligence avec les ennemis.

77. Ce crime est puni de mort et de la confiscation des biens (1).

---

(1) Si quis homo regi non fidelis extiterit, de vitâ componat et omnis res ejus fisco censeatur. Lois ripuaires, tom. 69.

Mos erat antiquus francorum semper et instat......

Ut Quicumque fidem regi servare perenni........

Detestatur enim francia hocce nefas.

(Extrait d'un Poëme d'un auteur contemporain de Louis-le-Pieux.)

Si quis in urbe coëtiones, nocte agitaverit, capite luito. Lois des Douze Tables, art. 77.

Si quis hostem in populum romanorum, seu patriam concitaverit, vel civem hosti tradiderit, capite luito. *Id. q. s.* art. 78.

Ne quis romæ gereret magistratum, injussu populi, mortis pænâ propositâ qui contra feceret et impunitate qui talem occiderit. Lois de Tarquin Colatin, art. 2.

DU SERMENT (1) DE FIDÉLITÉ AU ROI.

78. Tous les Français sans distinction, lorsqu'ils ont atteint l'âge de douze ans, font serment de fidélité au roi, lors de son avènement à la couronne.

79. Ils contractent l'obligation de renouveler ce serment toutes les fois que le roi l'exige (2).

80. Par le serment de fidélité, tous les Français s'engagent, sous peine de parjure, à ne jamais attenter à la sûreté ni aux prérogatives du roi (3).

(1) **Ad** astringendam fidem, arctum sanctum inviolatumque, vinculum, jurandum esto. Lois des Douze Tables, 10. tab., art. 81.

(2) Ille rex illi comiti....... Jubemus ut omnes pagenses vestros tam francos, romanos vel reliqua de gentibus *bannire* et locis congruis per civitates, vicos et castella congregare fecietis quatenùs præsente misso nostro..... Fidelitatem...... Filio nostro vel nobis....., Per loca sanctorum...... Debeant promittere et conjurare. Marculf., form. 40, lib. 1.

(3) Quantùm sciero et potuero, domino adjuvante, absque dolositate aut seductione et consilio et auxilio secundum meum auxilium et secundum meam personam fidelis vobis adjutor ero ut illam potestatem........ Quam vobis deus concessit...... Cum debito honore et vigore tenere et gubernare possitis et pro ullo homine non me indè traham, quantùm deus mihi intellectum et possibilitatem donaverit. Serment de fidélité fait à Charles-le-Chauve, rapporté au capit. de l'an 858, tom. 26; voy. Baluze, tom. 2, pag. 99.

DE LA LOI CONSTITUTIONNELLE.

81. Les lois et les ordonnances rendues par le roi, dans les formes prescrites, sont susceptibles d'être changées, modifiées ou rapportées par les mêmes voies qui ont été suivies pour les rendre exécutoires.

82. Quant aux lois fondamentales du royame, elles sont immuables par essence (1).

---

(1) Cette distinction a été faite par M. le premier président de Harlay, dans le Lit de Justice de 1586. Voy. OEuvres de du Vair.

Un autre premier président s'exprima en ces termes devant Louis XIII : « Dans la désignation des ordonnances qui s'observent en ce royaume, nous usons de distinction ; car, nous appellons les unes, les lois et ordonnances des rois, et les autres du royaume. Celles que nous appellons royales, peuvent être changées par les rois ; et il n'est pas sans exemple, que selon la variété des temps, la nécessité ou commodité des affaires, il y ait diversité de lois, parce qu'elles sont mortelles comme les rois. Mais pour ce qui est des lois du royaume, elles sont immortelles..... Voy. Trésor des Harangues, Paris 1668, art. , pag. 198.

« Oui sans doute, la société est un contrat ; mais » un contrat d'un ordre bien supérieur. Tous ceux que

83. Les états généraux, régulièrement consti=

» l'on passe dans le cours de la vie, pour des intérêts
» particuliers, ou pour des objets momentanés, et que
» l'occasion fait naître, on peut les dissoudre à plaisir.
» Mais faudra-t-il considérer l'Etat sous les mêmes rap-
» ports qu'un traité de commerce.....? C'est avec un
» autre sentiment de respect que l'on doit envisager
» l'Etat, parce que ce genre d'association n'a pas pour
» objet ces choses qui ne servent qu'à l'existence ani-
» male et grossière d'une nature périssable et fugitive.
» C'est la société de toutes les sciences, la société de
» toutes les vertus et de toutes les perfections ; et comme
» les gains d'une telle société ne peuvent pas s'obte-
» nir dans le cours de plusieurs générations, cette so-
» ciété est celle, non·seulement de ceux qui existent, mais
» elle est un contrat entre ceux qui vivent, entre ceux
» qui sont à naître, et entre ceux qui sont morts ;....
» Contrat, dont chaque état particulier n'est qu'une
» clause ; contrat inviolable d'une société éternelle qui
» compose une seule chaîne de tous les anneaux de
» différentes espèces, qui met en connexion le monde
» visible avec le monde invisible, conformément au
» système qui maintient toutes les natures physiques et
» morales, chacune dans les places qui lui ont été assi-
» gnées. Une loi si sublime ne peut pas être soumise à la
» volonté de ceux qui sont, par une obligation qui leur
» est infiniment supérieure, forcés eux-mêmes à y sou-
» mettre leur volonté. Les corporations municipales de
» ce royaume universel, n'ont ni la liberté, ni le loisir,
» en se livrant aux aperçus d'une amélioration fortuite,
» d'altérer et de détruire le système d'organisation de

tués, sont seuls compétens pour les modifier, les augmenter ou les réduire.

» chaque communauté qui leur est subordonnée, et de
» la réduire au cahos anti - social, anti-civil et confus
» de tous les prétendus principes élémentaires. » Voy.
Réflexions sur la Rév. de France, par Edmond Burke.

Les rois, par un attribut même de leur souveraineté, sont dans la bienheureuse impuisance de détruire les lois de leurs états. Voyez Traité des droits de la Reine, etc. 2e. partie, pag. 191.

FIN.

De l'Imprimerie de RENAUDIERE, rue des Prouvaires, n. 16.